'am design thinking

129 boulevard Saint-Michel

75005 Paris

www.am-designthinking.com

a.marchal@am-designthinking.com

Dans la même collection:

Innovation organisationnelle & transformation managériale par le design thinking, Aurélie Marchal, 2012

Couverture: Cyril Cabry

©am design thinking, 2012

ISBN : 978-1-533-27383-3

SOMMAIRE

INTRODUCTION

Le sujet de cet ouvrage fait suite à un ouvrage précédant dont l'objectif était alors d'analyser dans quelle mesure le *design thinking* pourrait aider les entreprises à réinventer leur organisation et leurs pratiques de management. Cette problématique partait d'une intuition eue en approfondissant de manière simultanée deux thématiques : les difficultés rencontrées par les entreprises et le design. Je venais en effet de découvrir, comme je l'argumenterai dans la première partie, que le design était beaucoup plus qu'un certain style de décoration, qu'il était en réalité une méthodologie d'innovation et de recherche de solutions très créative mais également très structurée, axée sur l'humain et que sa mission historique et idéologique était d'améliorer la vie. C'est Tim Brown de l'agence IDEO qui a conceptualisé cette méthodologie des designers: « Les designers se sont forgés une méthode de pensée et une culture de l'innovation qui dépassent de loin les questions qu'ils résolvent en tant que designers : le *design thinking.* »[1]

Dans les même temps, je me suis formée à l'animation de groupe de créativité ainsi qu'à un certain nombre de techniques, dont la méthodologie *Creative Problem Solving* (CPS). Il m'est alors apparu indispensable de clarifier les similitudes et les complémentarités entre ces deux démarches qui m'apparurent comme très proches : le CPS et le *design thinking*.

Dans une première partie, je décrirai le processus d'innovation en clarifiant les différentes étapes. Je m'efforcerai également d'expliciter ce qu'est réellement le design, au-delà d'un terme très galvaudé et à la compréhension très limitative.

Dans une seconde partie, je présenterai les deux méthodologies que je me propose de comparer, à savoir celle du *design thinking* et celle du CPS qui présentent toutes deux l'avantage d'être très structurées et par conséquent très structurantes.

Enfin, dans une troisième partie, j'analyserai les similitudes ainsi que les différences entre ces deux démarches et j'envisagerai des perspectives, notamment en termes de complémentarités.

1. Processus d'innovation : contexte et clarification

1.1. Le contexte : l'injonction d'innover

« Partout dans le monde, l'innovation et la mondialisation sont les deux principaux moteurs de la performance économique. Elles influent directement sur la productivité, la création d'emplois et le bien-être des individus, et aident à faire face à des enjeux de dimension mondiale, comme la santé et l'environnement »[2]

Les organisations - entreprises, associations et institutions – sont de plus en plus tenues d'innover pour des raisons d'efficacité économique, écologique, sociale, etc. Nul ne remettrait aujourd'hui en cause ce postulat.

Comme le dit Olwen Wolfe, certifiée par le Creative Education Foundation pour utiliser et développer le CPS et conseillère en innovation de nombreux dirigeants, « innover revient souvent à résoudre des problèmes ou des contradictions de manière nouvelle et à saisir des opportunités dans un environnement complexe, où certains changements doivent se faire rapidement malgré les inerties de tous ordres».[3]

Cependant, et comme le rappelle également Olwen Wolfe, l'innovation est malheureusement peu enseignée en France. « Elle s'insère dans quelques programmes de l'enseignement supérieur comme une « cerise sur le gâteau » ou une récréation pour se reposer du « vrai travail »"[4] et si « les responsables des organisations ont conscience de la nécessité d'innover, ils ne savent souvent pas comment s'y prendre »[5]. La créativité en France souffrirait-elle de notre mode d'enseignements descendants et de notre culture de la discussion, voire de la confrontation? La pensée critique qui est certes une richesse, ne peut-elle pas s'avérer contreproductive lorsqu'elle s'applique trop tôt, c'est-à-dire avant que le propos de l'autre ait pu être compris, et que le dialogue ait pu s'instaurer ? Comment faire alors face à cette injonction d'innover ?

1.2. Compréhension du processus d'innovation : clarification de quelques notions clés : imagination, créativité, conception, invention & innovation

Les termes « imagination », « créativité », « conception », « invention » et « innovation » sont assez flous, souvent proposés comme synonymes, par les dictionnaires eux-mêmes, et par conséquent souvent utilisés de manière très approximative. Il est donc indispensable de mieux les définir, non seulement pour savoir de quoi l'on parle, mais aussi pour bien comprendre le processus d'innovation, et plus précisément celui de conception, ainsi que le rôle fondamental qu'y joue la créativité, dans l'objectif fondamental d'optimiser cette innovation.

Commençons par l'imagination. Le Petit Robert la définit comme étant « la faculté que possède l'esprit de se représenter des images et des connaissances », et comme « une chose imaginaire », c'est-à dire « contraire à la réalité ». L'étymologie d' « imagination » est « image », au sens de l'art des imagiers ou sculpteurs (moyen âge).

Considérée à la fois comme processus et comme capacité, la créativité fait l'objet de nombreuses définitions et n'est pas référencée dans les dictionnaires étymologiques. Le Petit Robert la définit comme étant « le pouvoir de création, d'invention ». Selon wikipédia, c'est la capacité d'un individu ou d'un groupe à imaginer ou construire et mettre en œuvre un concept neuf, un objet nouveau ou à découvrir une solution originale à un problème.

En ce qui concerne la créativité en tant que capacité, je retiendrai la définition qu'en donne Todd Lubart, reconnue consensuellement dans le monde de la recherche : « la créativité est la capacité à réaliser une production qui soit à la fois nouvelle et adaptée au contexte dans lequel elle se manifeste ».

Le flou perdure sur la définition de la créativité en terme de processus et c'est d'autant plus handicapant que j'ai justement choisi d'analyser de manière comparative deux processus créatifs.

Une recherche dans un dictionnaire d'étymologie ne m'apporte aucun secours parce que le terme de créativité n'y figure tout simplement pas.

Teresa Amabile considère qu'une définition basée sur le processus n'est pas possible parce que nous ne disposons pas de suffisamment d'éléments sur l'articulation de cette créativité. Nous savons juste que la tâche est a priori davantage heuristique qu'algorithmique, c'est-à-dire qu'il n'existe pas de chemin clair et identifiable amenant naturellement à la solution. « A product or response will be judged as creative to the extent that (a) it is both a novel and appropriate, useful, correct or valuable response to the task at hand, and (b) the task is heuristic rather than algorithmic»[6].

Pour sortir de ce flou sémantique, Guy Aznar, propose de recourir au terme d'inventivité lorsqu'il s'agit de qualifier la créativité en termes de capacité et de parler de techniques et méthodes de créativité lorsqu'il s'agira du processus. « Le mot « créativité » dans l'expression créativité désigne à la fois l'aptitude à inventer des solutions nouvelles, appelées « idées », en réponse à un problème posé (d'où ma proposition de parler plutôt d'inventivité) et également l'ensemble des techniques et méthodes pédagogiques dites « de créativité » qui facilitent cette démarche. »[7]

Je suggère quant à moi d'appeler « conception » ce processus de créativité. Le Petit Robert définit en effet la conception comme étant la formation d'un concept dans l'esprit, l'action de concevoir, c'est-à-dire, toujours selon le Petit Robert, de créer (faire, réaliser) par la réflexion, la mise en forme des idées, l'élaboration en étant un synonyme. Insistons sur le fait que, conformément à la définition de Teresa Amabile, cette élaboration d'idées par la réflexion présente un caractère fortement heuristique.

Il est également intéressant de noter qu'au sens étymologique, le terme « concevoir » vient du latin « concipere » qui signifie « prendre, saisir », d'où, d'une part, « recevoir la semence, devenir enceinte » et, d'autre part, « former une conception, assembler en formule », et encore « saisir par l'intelligence, comprendre ».

Je tiens à préciser que je n'ai pas souhaité retenir le terme de « création » qui aurait pu être considéré comme un bon synonyme de « conception » car plus proche étymologiquement du terme « créativité » mais qui renvoie, étymologiquement et toujours aujourd'hui selon le Petit Robert, à l'action de donner l'existence, de tirer du néant, à partir de rien.

Enfin, je trouve particulièrement intéressant d'introduire cette notion de « conception » pour une seconde raison : il s'agit de la traduction du terme anglophone « design » et son sens deviendra encore plus explicite lorsque l'on développera dans les deux prochaines parties ce qu'est le design puis la méthodologie de cette fameuse pensée design (ou *design thinking*).

La définition de l'invention est, quant à elle, on ne peut plus large. Le Petit Robert la définit comme étant :

1. L'action d'inventer, c'est-à-dire le processus (ce que je viens d'appeler la « conception »)
2. La chose inventée, c'est-à-dire la découverte, la trouvaille
3. La faculté, le don d'inventer, c'est-à-dire la créativité en tant que capacité, l'imagination, l'inventivité

Au sens étymologique, « invenire » signifie « trouver ». Je retiendrai donc de manière arbitraire la définition de l'invention en tant que « chose inventée », c'est-à-dire « trouvaille », qui sera reprise par Norbert Alter dans sa distinction entre invention et innovation comme nous allons maintenant le voir.

Selon le Petit Robert, l'innovation est l'action d'innover, d'introduire dans une chose établie quelque chose de nouveau, de non encore connu.

Norbert Alter, sociologue et Professeur des Universités à Paris Dauphine, auteur de « l'innovation ordinaire » qui a reçu le prix du livre Ressources Humaines en 2001, fait une distinction majeure entre l'invention et l'innovation. « Il apparait clairement une différence de fond entre ces deux concepts. Le premier (l'invention) a pour but de traiter une question de manière abstraite, indépendamment de son contexte économique et social. Le second (l'innovation) représente le processus par lequel un corps social s'empare de l'invention en question. »[8] Il considère donc qu'une invention ne sera transformée en innovation que lorsqu'elle sera appropriée par le corps social pour lequel elle aura été conçue.

Je propose donc aux lecteurs mon parti-pris afin de clarifier les définitions suivantes, l'objectif étant, je le rappelle, de mieux comprendre l'ensemble du processus d'innovation pour en faire ressortir les leviers.

- **Imagination** : la faculté de se représenter et de produire des idées et des images contraires à la réalité
- **Créativité en tant que capacité** : « la créativité est la capacité à réaliser une production qui soit à la fois nouvelle et adaptée au contexte dans lequel elle se manifeste » (Todd Lubart), et synonyme d'inventivité selon la

proposition de Guy Aznar, c'est-à-dire qui renvoie à la fertilité, à la production d'idées (Petit Robert)

- **Conception** : la créativité en tant que processus, ou plus précisément l'organisation de la créativité (mon parti pris)

- **Invention** : la trouvaille, le résultat de l'étape de conception, de l'organisation de la créativité

- **Innovation** : le nouveau statut de cette invention lorsque celle-ci est appropriée

Pour synthétiser, je propose un processus en entonnoir : l'imagination est le premier ingrédient, en tant que faculté à se représenter des choses, des idées contraires à la réalité. La créativité est la capacité de transformer cet ingrédient en une production nouvelle (et adaptée). La conception est le processus par lequel l'ensemble de ces capacités créatives sont organisées et transformées en une invention ; l'invention ne se verra attribuer l'appellation d'innovation qu'à la condition d'être dûment appropriée par un corps social, sans quoi elle ne resterait qu'une invention.

1.3. Et le design ?

Afin de comprendre mon analyse comparative entre la méthode de Creative Problem Solving et le *design thinking* (ou la pensée design), il est indispensable de bien appréhender ce qu'est le design, au-delà de sa représentation collective souvent restreinte à un style de décoration.

1.3.1. « L'indéfinition » du design

Le flou sémantique du design est encore plus important que pour les autres concepts intervenant dans le processus d'innovation.

Ce que le Petit Robert en dit

Le Petit Robert définit le nom commun « design » comme étant une « esthétique industrielle appliquée à la recherche de formes nouvelles et adaptées à leur fonction (pour les objets utilitaires, les meubles, l'habitat en général). L'adjectif design est quant à lui défini comme étant « d'un esthétisme moderne et fonctionnel ».

Ramené à cette définition, le sujet de cet ouvrage semble quelque peu surprenant… Pour le commun des mortels, et comme cela l'était pour moi jusqu'à très récemment, le terme « design » se réfère à un objet qui possède un certain esthétisme, moderne et épuré, et une certaine fonctionnalité et qui a la caractéristique d'être le résultat d'un travail fortement créatif.

Étymologie : le projet incarné dans la forme

Mais le design est loin d'être si simple et, en réalité, les designers s'accordent à dire qu'il n'existe pas de définition unanime du design. Il est donc utile de revenir à son étymologie. Le terme « design » provient du mot latin « *designare* » qui se traduit indifféremment par designer ou dessiner.

Le terme design recouvre donc à la fois la notion de dessin, c'est-à-dire la concrétisation d'un projet par une composition visuelle, une matérialisation, mais aussi celle de dessein, d'intention et de processus. En ce sens, « faire du design, ce n'est pas seulement marquer quelque chose d'un signe (signifiant), mais aussi forger un « projet », qui s'incarnera dans le signe, c'est-à-dire donner un sens (signifié) ».[9]

Brigitte Borja de Mozota, spécialiste du design management, a ainsi résumé le design par l'équation : « DESIGN = DESSEIN + DESSIN »[10].

16

Traduction du terme anglais : la conception

Willemien VISSER, psychologue, lors de sa conférence « la psychologie cognitive des designers », qui s'est tenue au Lieu du Design le 16 novembre 2010, clarifie quant à elle les termes de conception et de design. Elle rappelle que la conception est un terme français qui renvoie à une certaine activité cognitive, et qui correspond au design en anglais. Mais le terme design est également utilisé en français. Elle résume cette ambigüité de manière fort simple : « Les designers font de la conception mais tiennent à ce qu'on les appelle « designers ». Mais ils n'ont rien contre le fait qu'on qualifie leur activité de conception. Le designer a donc pour objet de concevoir. »

De son côté et dès 1969, Herbert Simon élargit le champ du design. Il écrit dans *Les sciences de l'artificiel*, que le design, et donc la conception consiste à résoudre des problèmes selon différentes étapes. " Design thinking is a process for practical, creative solution of problems or issues that looks for an improved future result." " The design thinking process has seven stage: define, research, ideate, prototype, choose, implement and learn."[11]

La tolérance de cette indéfinition

Les designers semblent, quant à eux, ne pas souffrir de cette ambiguïté : « le design est une discipline dont nous tolérons l'indéfinition », déclare Jean-Louis Fréchin, designer et enseignant à l'ENSCI. L'une des caractéristiques du design est sa capacité à sortir de son champ d'origine. Le designer est souvent un traducteur, un médiateur qui aide à construire la transversalité, à transformer une équipe pluridisciplinaire en équipe transdisciplinaire. Une définition serait donc, par nature, trop réductrice.

1.3.2. L'histoire du design

Le design étant, comme on l'a vu, indéfini, il est nécessaire d'aborder les grandes étapes de son histoire pour en comprendre les potentialités en termes d'innovation.

Dès son origine, l'ambition idéologique du design : créer un monde meilleur

Stéphane Vial, philosophe et enseignant à l'école Boulle, dans son *Court Traité du Design*, situe les origines du design, en tant que première qualification d'une discipline nouvelle, en 1849 avec la parution du *Journal of Design and Manufacturers*. Ce journal cherche à « établir les principes d'une production industrielle associant harmonieusement la « fonction », la « décoration » et l' « intelligence » et à marier le grand art avec l'habilité mécanique.

Cette naissance du design s'inscrit dans un contexte politique particulier. Au même moment où Karl Marx, à 30 ans, affirme dans son *Manifeste du Parti Communiste*, que « l'histoire de toute société jusqu'à nos jours n'a été que l'histoire des luttes de classe », John Ruskin, un jeune Anglais, tout juste âgé de 30 ans lui aussi, dénonce, dans son ouvrage *Les Sept Lampes de l'Architecture* (1849), l'avilissement de l'ouvrier par la machine, la disqualification du travail de l'artisan ainsi que la laideur et la mauvaise qualité des produits manufacturés.

Dès 1861, William Morris, jeune artiste anglais issu des arts décoratifs, mais aussi ancien élève de Ruskin et lecteur assidu de Marx, va lui aussi fortement s'indigner contre le mauvais goût industriel. Il considère que « le renouveau et la défense des arts décoratifs sont le seul moyen de sauver l'homme de l'industrialisation, en réhabilitant le travail d'auteur de l'artiste par un artisanat ornemental de qualité, et en améliorant en même temps le cadre de vie offert par la société moderne.»[12] Si William Morris n'est pas un designer, il a clairement une vision de designer. Il voit dans les arts décoratifs un moyen de faire progresser la société moderne, de la sauver du fléau de l'industrie en améliorant le cadre de vie.

Donc, si cette rencontre entre les arts décoratifs et l'industrie, d'abord sous la forme d'un rejet, n'est pas encore la naissance du design, elle en est l'origine. Car le design a désormais un projet : celui de créer un monde meilleur. Il s'agit bien d'un dessein et non pas seulement d'un dessin.

Une histoire de signatures : le design en tant que produit versus le design en tant que processus

Comme me l'explique Stéphane Gauthier, designer que j'ai interviewé dans le cadre de mes travaux de recherche de MBA, en France, et contrairement au monde anglo-saxon, on traîne derrière nous notre forte histoire des arts décoratifs et de signatures. À titre d'exemple, Charles Boulle était l'ébéniste de Louis XIV et sa production a forgé un style qu'on appelle aujourd'hui le style Boulle. On est passé des arts décoratifs flamboyants au design, tout en gardant cette culture de la signature. Les designers français ont beaucoup de difficultés à s'échapper de cette logique du créateur et à intégrer la vision anglo-saxonne qui est de considérer le design comme un processus, un système de pensée, de réflexion, de recherche de solutions innovantes.

Du produit à l'expérience : l'émergence de l'immatériel

Dans les années 60, le processus du design a été généralisé dans beaucoup d'industries. L'objectif était alors de mieux dessiner les objets. Il y eut une demande énorme pour le produit esthétique, dans la mouvance du livre de Raymond Loewy « La laideur se vend mal ». L'idée dominante était que la fonction crée la forme.

Dans les années 1980, la problématique du design est abordée différemment. On quitte l'objet fonctionnel pour aller vers la séduction. Un nouveau levier de différenciation est l'émotion. C'est l'apparition du design d'auteurs et des signatures avec l'emblématique Stark et son presse-citron : il ne s'agit pas tant de presser un citron que de déclencher une conversation autour de l'objet.

Aujourd'hui, alors que l'industrie perd du pouvoir, que la concurrence devient très forte et que le consommateur devient expert, d'autant plus aujourd'hui avec le web 2.0, le défi pour le designer est d'aller au-delà du produit et de redéfinir son périmètre d'interventions face à un phénomène d'hyper offre, d'hyper choix. Le design passe à une problématique d'expérience. Aujourd'hui, comme nous l'explique Stéphane Gauthier, les designers ne dessinent plus tant des produits mais aident les clients à réfléchir par rapport à une solution plus globale, qui devra de surcroît être durable et responsable.

Concernant, par exemple, la vente d'une machine à laver, la question de départ était : « comment parfaire son équipement ? ». Il faut maintenant revoir la question, élargir la problématique qui devient : « qu'est-ce que laver son linge à domicile ? ». Le designer va orienter sa démarche en fonction de l'objectif de l'utilisateur. D'autres types d'offres peuvent émerger telles que la mise à disposition d'une machine à laver collective. Le designer est donc de plus en plus amené à travailler en étroite concertation avec son client, allant même parfois jusqu'à redéfinir avec lui le brief qui lui a été donné.

La question qui se pose dorénavant ne concerne donc non plus seulement produit mais la pertinence de l'expérience offerte. Le design glisse sensiblement du tout matériel pour englober de plus en plus d'aspects intangibles, de l'ordre du vécu, pour en arriver assez naturellement au domaine de la résolution de problématiques plus générales.

II. Présentation de deux méthodologies de conception

2.1. La méthode CPS

2.1.1. Les grands principes

Parmi les nombreuses techniques de créativité, j'ai choisi de me focaliser sur la nouvelle approche du CPS développée par Olwen Wolfe parce qu'elle présente l'avantage d'être très structurée et donc très structurante.

« La Creative Problem Solving est à la fois une méthode de résolution créative de problèmes et un processus global d'innovation. »[13] Cette méthode, extrêmement souple et efficace, et pouvant être appliquée à la plupart des situations, même très complexes et difficiles à résoudre, consiste à surmonter des difficultés, voire des impossibilités apparentes, en adoptant des approches nouvelles. Les obstacles sont intégrés frontalement et considérés comme des opportunités de changement. Owlen Wolfe explique dans son livre que le CPS prend appui sur les processus spontanés d'invention, qu'il s'agisse d'art ou de science, qui ont été observés et testés par de nombreux chercheurs et praticiens en Europe et aux Etats-Unis. Alex Osborn et Sidnay Parnes ont mis en avant quelques caractéristiques de la créativité telles que la suspension du jugement, l'importance de l' « incubation », condition de l' « illumination », le brainstorming, la pensée convergente et la pensée divergente.

Owlen Wolfe distingue 8 grandes étapes, chacune d'entre elles comprenant une phase de divergence (récolte d'une grande quantité d'idées, de réflexions, de possibilités) et une phase de convergence (sélection des pistes les plus pertinentes). Le rôle de l'animateur est d'organiser ces phases, le passage de l'une à l'autre, et de veiller à ce que l'objectif de chaque phase soit rempli en proposant à chaque fois les techniques de divergence et convergence appropriées.

1. L'identification du besoin

Il s'agit ici de considérer la problématique donnée par le client sous tous ses angles pour la reformuler de manière pertinente. C'est ce que Mark Raison appelle la reformulation du challenge créatif pour le rendre « positif, motivant et ambitieux ».

Cette problématique doit être partagée par l'ensemble du groupe. L'animateur a pour responsabilité de s'assurer que chaque participant comprend l'objectif reformulé et qu'il se l'est approprié.

2. L'analyse fine des données

Il s'agit de partir à la recherche de l'ensemble des données utiles, de les regrouper pour ne retenir que celles les plus pertinentes, importantes et éclairantes par rapport à la problématique identifiée.

3. La définition d'objectifs clairs

Il s'agit de définir différents axes de travail à partir des données essentielles des deux étapes précédentes (le sujet et les données essentielles) en posant de nombreuses questions commençant par « Comment Faire Pour… ? » puis en sélectionnant celles qui expriment des objectifs bien spécifiques et pertinents. Les critères de choix à privilégier ici sont l'Imagination, la Motivation et le Pouvoir de décision.

4. L'imagination des idées-pistes

Il s'agit de produire de nombreuses pistes d'idées par axe (par sous-groupe) en cherchant à répondre, sans aucune censure, aux questions « Comment Faire Pour… ? » qui viennent d'être sélectionnées. Toutes les idées même les plus loufoques sont bonnes à prendre. « Et si tout était possible ? », etc. Le client ou l'ensemble du groupe doit ensuite choisir les pistes d'idées qui lui semblent les plus attrayantes, « les coups de cœur », et celles aptes à amener les solutions les plus intéressantes, « les bonnes idées ». Mark Raison propose ici de distinguer les idées selon leur utilité immédiate ou à plus ou moins long terme : action, amélioration, rupture, vision, curiosité.[14]

5. La sélection des idées les plus prometteuses au moyen de critères spécifiques

Il s'agit de rechercher des critères de sélection des idées et de ne retenir que les plus pertinents par rapport à la problématique du client. Des exemples de critères sont : caractère innovant, réponse à l'objectif, attractif/ludique. Les idées seront notées en fonction de leur adéquation à ces critères et sélectionnées en fonction de leur note.

6. La transformation des idées en solutions qui sont à la fois innovantes et réalistes

Il s'agit, à partir des quelques idées sélectionnées dans la phase précédente, de transformer les difficultés, résistances, contraintes en solutions pertinentes et réalisables par la méthodologie très puissante du « PPCO » : recensement par idée et par colonne, ses

Plus, ses Potentiels, les Craintes (sous forme de question « Comment faire pour éviter…/convaincre…, etc.), et enfin les Options (sous forme de parades aux questions). Le résultat de cette étape est d'aboutir à une ou deux solutions prometteuses, évaluées, argumentées, non exclusives et pouvant être mises en œuvre.

7. L'adhésion des interlocuteurs et la réalisation de la ou des solution(s)

La phase d'adhésion est fondamentale On ne peut pas considérer avoir trouvé la solution avant d'avoir obtenu l'adhésion. Un travail important sur tous les types de résistances doit donc s'opérer.

Il s'agit de lister tous les avantages des solutions, toutes les sources d'assistance (soutien, d'aide, d'encouragement, de réalisation, ressources favorables, en tant que personnes, talents, évènements, moments, lieux, émotions, arguments, ressources financières, etc.) ainsi que toutes les sources de résistance et leurs parades dans le but très pragmatique d'emporter l'adhésion. Les sources de soutiens et les parades les plus efficaces seront intégrées dans la communication de la ou des solution(s).

8. La planification de la mise en œuvre

Il s'agit de lister toutes les actions à entreprendre sans se soucier, dans un premier temps, des autres aspects de la mise en œuvre, puis de classer les actions par ordre chronologique et d'affecter à chacune le délai, les personnes concernées, les moyens nécessaires, les modes de communication de l'avancement et de l'achèvement des actions et tout autre élément nécessaire à la mise en œuvre.

Enfin, il est essentiel de faire un point sur la démarche pour tirer les leçons de ce qui peut avoir mal fonctionné, pour découvrir ce que chacun en retire et ainsi évoluer dans le sens de l'efficacité et de la reconnaissance.

On le voit, le CPS est une méthode extrêmement détaillée qui offre un cadre très structurant et qui permet en même temps une grande liberté tant dans ses champs d'application que dans l'utilisation de ses techniques.

Le CPS est majoritairement utilisé en entreprise, pour la conception de produits et de services. « Sur le terrain, l'efficacité n'est plus à démontrer : des premières phases, qui diminuent les risques en formulant une question précise pour la génération d'idées, aux dernières qui permettent d'affiner une poignée de concepts tout en anticipant les résistances au changement de l'organisation, le CPS fait merveille ». [15]

2.1.2. L'importance du climat de bienveillance et de respect

Il est très important d'insister sur le fait que l'animateur est également le garant du climat de bienveillance et de respect dans lequel toute démarche de créativité doit nécessairement s'effectuer, sans quoi elle ne pourrait être efficace. En effet, pour laisser libre court à leur imagination et être créatif, les individus doivent lâcher prise et donc se sentir dans un certain climat de confiance.

Guy Aznar a préparé un document synthétisant l'ensemble des règles qui doivent s'appliquer. Les voici listées :

- Suspendez le jugement, ne critiquez pas
- L'imagination la plus folle est la bienvenue
- Chercher la quantité (« purger » toutes les idées peu créatives pour atteindre les plus créatives)
- Associez « les uns sur les autres », ne faites pas de sous-groupes

2.1.3. L'indispensable formation du groupe

Le rôle des différents participants doit être clairement défini : le client, le ou les animateurs(s) et le groupe ressources. Le rôle du client est fondamental et doit être clairement défini. S'il fait partie du groupe ressources, il doit être très attentif à ne pas censurer son groupe.

Dans le planning du processus CPS, une part importante est consacrée à la formation du groupe. Il s'agit non seulement de créer le climat de bienveillance, de confiance, et de chaleur humaine à partir duquel l'ensemble du processus va pouvoir être efficace, mais aussi d'amener les participants à se mettre dans une posture mentale différente de celle qu'ils utilisent habituellement. « L'intelligence habituelle des comportements est un mélange de rationalité logique et de créativité, avec une très forte proportion de rationalité, le dosage étant variable selon la flexibilité des individus. Dire que l'on va « faire de la créativité » signifie que l'on va inverser les propositions ». [16] « Précisément au début de la réunion du groupe de créativité, signifiez le changement de règles du jeu ! Demandez aux participants de se présenter différemment »[17], en dosant le niveau d'implication en fonction du groupe et en expliquant toujours le pourquoi des choses (renforcer l'écoute, associer des idées les unes sur les autres, faire appel à l'émotion, etc.).

2.1.4. Le recours systématique à une multitude de techniques de créativité

On vient de le voir, les séances de créativité ont un objectif très clair avec une deadline très précise : à la fin du processus, qui dure en général d'une journée à trois jours, l'animateur a l'obligation de livrer au client une ou des solutions pertinentes et réalisables.

Il n'est donc pas possible, comme Guy Aznar le rappelle dans son livre, de se fier seulement à l'intuition hasardeuse, au coup de génie, notamment parce que le temps à disposition ne le permet pas. « Cela ne veut pas dire que les groupes de créativité ne sortent pas des idées « géniales » de temps à autre, mais cela signifie que l'on peut rendre la création accessible à tous, simple à pratiquer, démythifiée, grâce à des techniques qui banalisent le coup de génie. Leur source, par parenthèse, se trouve précisément dans l'analyse et la reproduction des démarches mentales des créateurs géniaux. »[18] Il s'agirait donc de reproduire, en l'accélérant, la démarche créative.

Guy Aznar dénombre 100 techniques de créativité pour produire des idées. Il les classe en différentes familles (les techniques de détours, les techniques analogiques, le brainstorming, la pensée latérale, la théorie TRIZ). Dans son livre Olwen Wolfe présente quelques-unes de ces techniques incontournables et les classe par étapes. Certaines sont polyvalentes et ne nécessitent pas d'autres outils que des post-its, telles que les questions ouvertes avec des relances et des reformulations, l'association d'idées en « roue libre », le « train-wrinting », les connexions forcées (que ferait cette personne, etc), ou, en phase de convergence, l'utilisation de gommettes de couleurs différentes pour classer les idées. D'autres techniques sont plus spécifiques et nécessitent davantage de préparation

De manière générale, l'animateur doit avoir connaissance de nombreuses techniques différentes et doit savoir les utiliser avec une grande flexibilité en fonction du contexte. Son rôle est de stimuler les participants et leurs capacités à trouver des idées en rythmant la séance pour maintenir une dynamique productive (alternance de moments calmes et d'autres plus expressifs), en choisissant les techniques pertinentes en fonction des objectifs à atteindre mais aussi adaptés au profil des participants et à leur état de stimulation ou de fatigue.

2.2. La conception par le design

Selon Stéphane Vial, philosophe, Professeur à l'Ecole Boulle, et auteur d'un traité sur le design, « le designer conçoit des projets. Un projet, c'est un ensemble de propositions formelles originales qui offrent aux usagers une expérience-à-vivre de nature à satisfaire leurs besoins et susceptible d'enchanter leur existence. C'est une démarche de conception ou d'anticipation qui consiste à imaginer, à partir de l'état existant, des formes de vie et d'usage. »[19]

2.2.1. La méthodologie habituelle du designer

Stéphane Vial, présente dans son Traité du design la méthodologie créative du design en 5 étapes :

- « Premièrement, il analyse. Il prospecte, il s'informe, il se documente, il observe. Il a besoin de connaître et comprendre le contexte, les acteurs, les enjeux.
- Deuxièmement, il problématise. Il demande, il questionne, il interroge. Il formule le problème que son projet doit résoudre.
- Troisièmement, il conçoit. Il imagine, il invente, il rêve. Il forge des solutions et en choisit une qu'il assume et qu'il est prêt à défendre, et ceci de manière parfois collaborative (il s'agit alors de co-conception)
- Quatrièmement, il dessine. Il fait des esquisses, des plans, des maquettes. Il crée les formes de son projet, qu'il valide ou non.
- Cinquièmement, il explique. Il parle, il expose, il justifie. Il fait comprendre ses choix afin de défendre son projet. »[20]

2.2.2. Zoom sur le *design thinking*, terme inventé par Tom Kelley

Dans son livre « L'esprit design », Tim Brown explique la naissance du terme « *design thinking* » : « Un jour, lors d'une conversation, mon ami David Kelley, Professeur à Stanford et fondateur d'IDEO, attira mon attention sur un détail qui l'avait frappé : chaque fois qu'on l'interrogeait sur le design, la forme verbale *thinking* lui venait immanquablement à l'esprit pour expliquer ce que font les designers. Le néologisme de *design thinking* était né.»[21]

Il précise ensuite qu'il l'utilise désormais pour « décrire un ensemble de principes applicables par un large éventail d'acteurs dans la résolution de problématiques variées. »[22]

Son livre ne s'adresse pas à d'autres designers mais à des managers qui souhaitent s'approprier ce *design thinking*, en tant qu'approche créative, pour les aider à faire émerger de nouvelles opportunités pour le bénéfice de leur entreprise.

Sa thèse est que « les designers ont développé cet incroyable savoir-faire dans la recherche de solutions, la capacité à transformer les contraintes en opportunités, l'observation et la compréhension des besoins des individus. Ils se sont forgés une méthode de pensée et une culture de l'innovation qui dépassent de loin les questions qu'ils résolvent en tant que designers : le *design thinking*. »[23]

Dans son livre, Tim Brown raconte comment son entreprise, IDEO a été conduite sous l'impulsion de ses clients à sortir de ses champs habituels de réflexion pour repenser globalement leurs stratégies de développement. « C'est là que le *design thinking* révèle toute sa puissance : améliorer l'accueil d'un hôtel, développer un récit qui motive les citoyens sur un sujet d'intérêt public, optimiser la sécurité d'un aéroport ou encore repenser le vélo et son usage... autant de problématiques auxquelles il permet de répondre de manière constructive et pertinente. »[24]

2.2.3. Définition du *design thinking*

Le programme CPI (Création d'un Produit Innovant) de l'Ecole Centrale Paris, de Strate Collège Designers et de l'ESSEC (premier programme de *design thinking* et open innovation entre trois grandes écoles), définit le *design thinking* de manière claire et opérationnelle : il s'agit d'un processus de réflexion, d'action et de résolution de problèmes, en vue de l'amélioration d'une situation d'usage.

Le *design thinking* repose sur une méthode d'innovation centrée sur l'utilisateur (« human centric design ») et qui comporte plusieurs phases : compréhension, observation, réappropriation, créativité, prototypage, test, implémentation.

Les idées fortes structurant ce processus sont le travail en groupes pluridisciplinaires, l'itération et la remise en question continues et la démonstration par la preuve (prototypage et visualisation). Le *design thinking* intègre de façon conjointe les problématiques touchant aux gens (ce qui est désirable), à la technologie (ce qui est réalisable) et à l'économique (ce qui est viable).

Avec, au cœur de sa démarche, le travail d'observation, de recherche des besoins utilisateur (« need finding ») et de nouveaux usages, le *design thinking* replace le design, au sens anglo-saxon du terme, à une place centrale du processus d'innovation. Il contribue alors, loin du simple apport esthétique où il est trop souvent confiné, de façon décisive, aux côtés du marketing et de la technologie, à l'émergence d'innovations qui amélioreront notre quotidien.

2.2.4. Les différentes étapes du process de *design thinking*

Dans un article du Business Week du 17 mai 2004, Tim Brown décompose le processus de *design thinking* en 5 grandes étapes.

1. Observation

Les équipes de designers de l'agence IDEO fondée par Tim Brown collaborent avec des psychologues, des anthropologues et des sociologues qui collaborent pour mieux comprendre l'expérience du consommateur ou de l'usager final. Il existe différentes techniques d'observation :

- Suivre les gens et les observer utiliser les produits, faire les courses, aller à l'hôpital, prendre le train, utiliser leur téléphone, etc.

- Photographier les gens au sein d'un espace, tel que la salle d'attente d'un hôpital, pendant plusieurs jours de suite.

- « Consumer journey » : répertorier toutes les interactions qu'un usager a avec un produit, un service ou un espace.

- Demander à des usagers de tenir un journal de leurs activités et de leurs impressions concernant un produit, un service ou un espace.

- Interviewer des personnes qui connaissent bien, ou au contraire pas du tout, le produit, le service ou espace concerné.

- Demander à des personnes de raconter leur histoire personnelle à propos du produit, du service ou de l'espace concerné.

- Interviewer un groupe de personnes variées pour explorer des idées.

2. Brainstorming

Il s'agit d'une session de production d'idées par brainstorming à partir des données obtenues de la phase précédente d'observation des personnes. Les règles du brainstorming sont strictes et affichées au mur.

- Différer le jugement, ne censurer aucune idée
- Construire sur les idées des autres, à partir d'elles et non pas contre elles
- Encourager les idées folles qui peuvent être la clé de solutions pertinentes
- Objectif quantitatif : obtenir le plus d'idées possibles. Lors de sessions efficaces, plus de 100 idées sont générées en 1 heure
- Visualiser l'ensemble des idées, en utilisant des codes de couleurs et de gros post-its placardés sur le mur
- Rester focalisé sur le sujet, ne pas perdre de vue l'objectif
- Une conversation à la fois : ne pas s'interrompre, ne pas se censurer, être respectueux et bienveillant

3. Prototypage rapide

Construire des maquettes de travail aide tout le monde à visualiser les solutions possibles et accélère le processus de décision et d'innovation.

Il est nécessaire de respecter les quelques règles suivantes :

- Tout prototyper : il est possible de construire des maquettes non seulement de produits mais aussi de services tels que la santé ou des espaces tels que l'entrée d'un musée
- Utiliser des vidéos : faire des courts-métrages pour décrire l'expérience de l'usager
- Être rapide : construire des maquettes rapidement et à bas coût ; ne jamais perdre de temps dans des concepts trop compliqués
- Ne pas faire de présentation compliquée : les maquettes doivent pouvoir démontrer une idée sans se noyer dans les détails
- Créer des scénarios : montrer comment différentes personnes utilisent un service de manière différente et comment de nombreuses conceptions peuvent rencontrer leurs besoins individuels

- Bodystorm : décrire différents consommateurs ou usagers et jouer leurs rôles

4. Raffinement

Le but est ici de ramener les différentes possibilités à quelques alternatives.

- Brainstorming : rapide afin de supprimer les mauvaises idées et se focaliser sur les meilleures options
- Prototypage focalisé sur quelques idées clés pour arriver à une solution optimale
- Engager activement le client dans le processus de sélection
- Être discipliné et impitoyable dans le processus de sélection
- Se focaliser sur le résultat qui est d'atteindre la solution la plus pertinente
- Obtenir l'approbation de toutes les parties prenantes, dont notamment celle du manager le plus élevé possible dans la hiérarchie

5. Implémentation

La mise en œuvre d'un produit ou d'un service se fait en prenant appui sur les nombreuses expertises et ressources de l'agence IDEO (design, sciences sociales, techniques)

III. Analyse comparative des 2 méthodes

3.1. Les grandes étapes

Dans la revue Cerveau & Psycho n°46 de juillet-août 2011, l'acte créatif, que je propose d'appeler « conception », est décomposé en neuf étapes :

« préparation (collecte d'informations), concentration (attention portée au travail à réaliser), incubation (les idées sont associées inconsciemment), idéation (production de nouvelles idées), illumination (apparition soudaine d'une idée maîtresse), vérification (vérifier si les idées sont réalisables), planification (organiser le travail), production (réaliser ou composer) et validation (considérer que le travail est terminé). »[25]

Il n'est donc pas surprenant de constater que les deux méthodes de conception que j'analyse se décomposent également, avec quelques nuances riches d'enseignements, selon ces différentes étapes.

La conception, ou « L'acte créatif » selon Marion Botella	CPS	Design thinking (selon la description programme CPI)
	Instauration de la cohésion et du climat de groupe propices à la créativité	
Préparation (collecte d'information)	Identification du besoin = reformulation de la problématique	Compréhension du sujet
	Analyse fine des données	Observation
Concentration (attention portée au travail à réaliser)	Définition d'objectifs clairs	Réappropriation : reformulation de la problématique
Incubation (les idées sont associées	Imagination des idées pistes et	Créativité

inconsciemment), idéation (production de nouvelles idées)	sélection des idées les plus prometteuses	
Illumination (apparition soudaine d'une idée maîtresse), vérification (vérifier si les idées sont réalisables)	Transformation des idées en solutions innovantes et réalistes	Prototypage/test
Planification (organiser le travail), production (réaliser ou composer) et validation (considérer que le travail est terminé).	Obtention de l'adhésion et planification de la mise en œuvre	Implémentation

3.2. Les similitudes

3.2.1. L'importance d'un climat positif

Les spécialistes de la créativité mettent l'accent sur le changement de posture et le climat de bienveillance dans lequel doit s'exercer la production d'idées. Ils insistent également sur l'attitude positive à adopter. De manière très concrète, ils ont formulé certaines règles garantes de ce climat positif, telles que :

- L'instauration d'un climat de bienveillance, de tolérance, de non-censure des idées
- La transformation des difficultés et des contraintes en des défis, grâce au fameux « Comment faire pour... ? »
- La lutte contre la reformulation négative. Ils font reformuler avec un verbe actif vers une action motivante.
- Le fait de se faire « l'avocat de l'ange », c'est-à-dire mettre l'accent sur ce qu'ils aiment dans les idées de leurs partenaires.

Sans surprise, le fondateur du *design thinking* rejoint les spécialistes de l'animation créative sur cette notion de climat positif. « S'ils veulent exploiter pleinement le pouvoir du *design thinking*, les

équipes et les entreprises ont l'obligation de cultiver l'optimisme. »
[26]

3.2.2. La recherche de la pertinence : la reformulation de la problématique

D'après Stéphane Gauthier, designer, les consultants auraient la fâcheuse tendance de ne pas prendre suffisamment le temps de vérifier la pertinence de la problématique donnée par un client. La première étape du travail du designer serait au contraire de re-questionner la question de départ afin de la reformuler de manière pertinente par rapport aux besoins parfois même inconscients des consommateurs ou usagers et de soumettre cette axe de réflexion au client.

Les spécialistes de la créativité abordent la résolution de problème sous le même angle puisque la première phase du processus consiste justement à reconsidérer, de manière conséquente (divergence puis convergence), la problématique donnée par le client sous tous ses angles pour la reformuler de manière pertinente.

3.2.3. La représentation visuelle par l'utilisation de post-its

En matière de co-conception, tant les designers que les animateurs de CPS recourent à l'utilisation de post-its afin de donner librement la parole à chaque personne et, dans un second temps, pouvoir ordonner plus facilement la masse, par nature phénoménale, d'éléments à analyser.

Chaque personne annote donc ses idées sur des post-its, éventuellement de différentes couleurs selon une typologie préalablement définie (par exemple, selon la nature du projet : élément positif, élément négatif, usage, geste, etc.). Toutes les idées sont accrochées au mur, donc retenues. De grands thèmes vont ressortir assez naturellement (à titre d'exemple : administratif, communication, produit, service, etc.) et vont permettre d'identifier une manière, parmi d'autres, de classer les idées. Il s'agira alors tout simplement de regrouper les post-its par thème. Les différentes couleurs de post-its peuvent permettre de visualiser, donc d'appréhender plus facilement, différentes problématiques qui pourront alors être approfondies.

3.2.4. L'alternance de phases de divergence et de convergence

Comme nous l'avons vu dans la seconde partie, les deux méthodes, CPS et *design thinking* font référence à des techniques de

48

respiration créative de divergence et de convergence. Cette respiration que le CPS utilise de manière très poussée à chacune de ses étapes apparaît lors de toutes les étapes du processus *design thinking*, même si le plus souvent de manière implicite. « Tels sont les germes du *design thinking*, un mouvement continu entre les processus divergents et convergents, d'un côté, et entre l'analytique et le synthétique de l'autre. »[27]

Tim Brown dit encore : « Pourquoi le *design thinking* ? Parce qu'il nous donne de nouveaux moyens d'aborder les problèmes, au lieu de retomber sur notre habituelle approche convergente où nous faisons les meilleurs choix à partir des alternatives possibles, elle encourage à suivre une approche divergente, à explorer de nouvelles alternatives, de nouvelles solutions, de nouvelles idées qui n'avaient jamais existé. »[28]

3.2.5. La prise en compte des contraintes

À l'heure où le design s'expose dans les musées, où les designers-stars sont présentés comme des « créateurs » et où les écoles des beaux-arts ouvrent des départements de design, on peut être tenté de croire que la frontière entre l'art et le design est en train de disparaître.

Cependant, la création artistique et le design sont deux choses par nature très distinctes. L'artiste jouit d'une liberté absolue et n'a de comptes à ne rendre à personne. Il crée à partir de son propre désir. Les designers, tout comme l'animateur et les participants à des séances de CPS, ne travaillent pas seulement à partir de leur désir – condition qui demeure nécessaire à tout travail créatif – mais à partir du désir d'autrui. « Le designer affronte des questions de société pour tenter de les résoudre. Le designer est donc habitué, par nature, à concevoir sous un système de contraintes, à justifier sa démarche et à expliquer la légitimité de son travail.»[29]

Le designer Charles Eames l'affirmait « le designer a pour caractéristique d'embrasser volontairement les contraintes ». L'acceptation délibérée des limites imposées est au fondement même du design. La première étape porte sur la hiérarchisation des contraintes et l'établissement d'un schéma d'évaluation. Tim Brown présente de son côté les trois critères indissociables qui conditionnent la validité d'une idée : la faisabilité (qu'est-ce qui est fonctionnel et réalisable dans un avenir prévisible ?), la viabilité (qu'est-ce qui s'intègre dans un modèle économique durable ?) et la désirabilité (qu'est-ce qui correspond aux attentes de la population cible ?).

Dans le CPS, cette prise en compte des contraintes est également fondamentale, et pas seulement lors de la dernière phase d'adhésion. Il est particulièrement intéressant de noter que le travail demandé aux participants est non seulement d'identifier et de tenir compte des contraintes mais aussi et surtout de les transformer en opportunités. Par ailleurs, les idées produites sont sélectionnées selon des critères de désirabilité, faisabilité, d'efficacité, etc. afin de respecter le cahier des charges données par le client et d'obtenir son adhésion. Toute la réflexion finale se construit alors autour de « comment répondre aux réticences du client, décideur final ? ». Il s'agit d'identifier ces réticences, parfois non formulées, et d'y apporter des réponses convaincantes.

3.2.6. La remise en question

Cela est bien connu, plus on se spécialise, plus on développe une tendance naturelle et malheureusement inéluctable à s'enfermer dans un segment, alors que pour être créatif, il faut au contraire rentrer dans le monde du « what if ? », avoir recours à la remise en question, aller à la recherche de la pré-condition. (Quand il pleut, la pelouse est mouillée. La pelouse est mouillée. Il doit donc avoir plu. Mais il se peut aussi que quelqu'un ait arrosé, ou qu'il y ait eu une inondation).

Une bonne dose d'autonomie, de liberté de penser, d'imagination est indispensable et les techniques de créativité permettent aux différents participants d'accéder à ce niveau d'exploration de la pensée latérale.

De leur côté, les designers développent fortement durant leur formation et leur pratique professionnelle leur liberté de pensée et la posture consistant à remettre en cause ce qui est donné, à se méfier des présupposés, à toujours essayer de sortir du cadre, à faire un pas de côté, à ne rien prendre pour acquis de manière définitive, etc.

3.3. Les divergences et complémentarités

3.3.1. Le CPS et la valorisation des ressources humaines

Comme on l'a vu dans la première partie, les designers français s'intéressent davantage à la conception de produits - et depuis quelque temps à la conception de services - qu'à la résolution de problèmes, comme le prône Tim Brown.

Si les deux méthodes, CPS et design thinking sont toutes les deux pertinentes pour aider les entreprises à affronter les défis actuels et créer des opportunités pour demain, le CPS met historiquement l'accent non seulement sur les innovations de production et d'organisation mais aussi sur la valorisation et la motivation des salariés considérées à juste titre comme des acteurs de ces changements.

Le CPS peut donc être perçu comme le couplage d'une méthode d'innovation et d'une méthode de valorisation des ressources humaines. Olwen Wolfe, qui le pratique depuis de longues années, affirme qu' « elle a pour effet d'atteindre les résultats recherchés avec plus d'efficacité objective et plus de motivation, créant des spirales vertueuses : les personnes motivées sont plus efficaces ; prenant conscience de leur efficacité, elles ont plus d'énergie et de plaisir à travailler ensemble. »[30]

Cet intérêt pour la valorisation et la motivation des ressources humaines, que ne nie pas le *design thinking* mais qu'il ne met pas en avant, réside certainement dans les fondements de la méthode CPS : l'approche participative des salariés et l'accent prononcé sur l'indispensable climat de bienveillance.

3.3.2. Le CPS et les compétences d'animation

Tim Brown considère que la participation active de la communauté pour laquelle il faut innover est fondamentale, au même titre que la compréhension de la problématique et que le prototypage. Il va même jusqu'à dire « nous pouvons pousser cette idée de participation peut-être jusqu'à sa conclusion logique et dire que le design pourrait avoir son plus grand impact quand on le retire des mains des designers et qu'on le met dans les mains de tout le monde »[31], position qui est loin de faire l'unanimité, à juste titre, parce que les compétences des designers ne s'improvisent pas. Leur apport doit au contraire être valorisé.

Le *design thinking* et le CPS se rejoignent donc sur cette idée de conception participative. Cependant et si les designers ont certes pour habitude de s'appuyer sur diverses expertises, ils abordent généralement seuls, ou entre créatifs, l'étape de conception. Tim Brown lui-même reste assez flou sur la manière d'animer cette co-conception. Il sous-entend que les participants sont impliqués dans la phase d'observation, il décrit la phase de brainstorming en en donnant les règles collectives, il présente le prototypage comme étant un moyen pour les participants de partager les différentes solutions et ça s'arrête là. Rien n'est dit sur l'art et la manière d'animer ce groupe de co-conception.

On peut donc émettre l'hypothèse, qu'à la différence des animateurs de CPS, les designers ne disposent pas de compétences spécifiques en matière d'animation de groupes et que, s'ils souhaitent exploiter le champ de la co-conception, il s'agirait pour eux d'un véritable atout que de les acquérir.

3.3.3. La puissance des techniques de créativité

Comme on l'a vu dans la première partie, les designers disposent du terme qui me semble le mieux qualifier le processus d'organisation de la créativité que j'ai pris le parti pris d'appeler « conception ». Néanmoins et curieusement, le lien entre cette conception des designers et la créativité n'est pas formalisé, même par Tim Brown, designer qui, à ma connaissance, a le plus publié sur la décomposition du processus du design (et donc de la conception).

Cela s'explique-t-il par le fait que les designers, en tant que professionnels de la créativité, disposent d'un certain nombre de facilités créatives et qu'ils n'ont jamais ressenti le besoin d'apprendre de nouvelles techniques spécifiques autres que celles plus ou moins intuitives dont ils disposaient? D'après Stéphane Gauthier, designer, les designers éprouvent souvent des difficultés à expliciter leur processus créatif, l'émergence de leurs idées car ce fonctionnement leur semble tellement naturel qu'ils n'ont finalement que peu de recul pour le décrire.

Ce manque de connaissance concernant le processus d'organisation de la création, les techniques créatives et leurs atouts peuvent cependant être une limite lorsqu'il s'agit de travailler de manière participative. Par ailleurs, la pression et l'accélération du temps étant aujourd'hui de plus en plus prégnantes, l'ensemble du processus de conception doit être accéléré, d'où l'intérêt des techniques de créativité qui permettent de produire des idées de manière extrêmement rapide.

En effet et comme on l'a vu, les spécialistes de la créativité considèrent que la production d'idées ne se fait pas forcément naturellement, et qu'il est nécessaire d'instaurer une certaine dynamique dans les groupes, à partir de techniques de créativités adaptées à chaque situation, pour rendre cette production d'autant plus efficace et pertinente. C'est tout l'objet du livre « Idées, 100 techniques de créativité pour les produire et les gérer » de Guy Aznar.

Il met l'accent sur six intérêts majeurs des techniques créatives :

- Elles permettent de partir vers l'irrationnel de manière contrôlée, dans des conditions favorables donnant les meilleures chances d'aboutir dans les délais impartis.

- Elles ont une fonction de repérage ; elles proposent un itinéraire d'exploration de l'imaginaire tout en allant à la rencontre des contraintes du problème.

- Elles permettent d'aborder un problème sous des angles différents, permettant d'explorer différentes entrées jusqu'à trouver la bonne.

- Elles permettent à chacun de trouver sa voie, d'utiliser ses modes de préférence.

- Elles ont une fonction d'entraînement. Dire « tout ce qui nous passe par la tête » n'est pas forcément naturel. L'utilisation de différentes techniques permet de s'y exercer.

- Elles permettent enfin de fonctionner en groupe. Si les participants partent dans tous les sens, il est difficile de travailler collectivement. Au contraire, l'utilisation d'une technique fédère le groupe autour de la problématique. Chacun suit la démarche collective mais contribue à titre individuel en improvisant librement à l'intérieur du cadre.

Le Modèle archétypal des Eléments développés par Mark Raison et Isabelle Jacob classe quant à lui les 4 éléments (feu, air, terre, eau) et les différentes techniques de créativité en fonction de deux axes : réel/imagination et conscient/inconscient.

C'est un outil très puissant qui permet de choisir les techniques en fonction de la typologie de l'entreprise ou du métier, du groupe de participants ou de l'objectif recherché (amélioration de l'existant ou changement de paradigme).

Par exemple, ce modèle permet de choisir les techniques les plus appropriés au profil des ingénieurs : Réel conscient (TERRE) tout en offrant la possibilité de les amener, progressivement vers leur imaginaire conscient (FEU). Il serait a priori plus difficile de leur faire utiliser des techniques faisant appel à leur inconscient (AIR et EAU).

Enfin, ce modèle permet aux animateurs de mieux connaître leur zone de confiance et d'animer en conséquence.

3.3.4. Le design et la compréhension de l'humain

La conception à partir de l'humain

Un aspect très caractéristique et fondamental du design est qu'il est centré sur l'humain. Il intègre la technologie et l'économie mais il commence avec ce dont les humains ont besoin ou, au-delà, pourraient avoir besoin. Il s'appuie sur la compréhension de l'humain dans ses pratiques et dans ses usages pour être force de proposition innovante. Il a pour mission d'organiser ses solutions autour des gens et non autour des systèmes, avec une portée idéologique de recherche de sens, de pertinence, de lutte contre l'innovation « gratuite » qui ne serait pas très utile, ni responsable.

Mais Tim Brown constate dans le même temps que l'on a beaucoup écrit sur l'humain et sur son importance pour l'innovation et il se demande alors pourquoi les véritables réussites sont si rares, et donc pourquoi il est si difficile de détecter un besoin et d'y répondre. Son explication est que les gens s'adaptent toujours avec beaucoup d'ingéniosité à des situations incommodes et qu'ils n'en sont même pas forcément conscients. Ils écrivent un code sur leur main, suspendent leur veste aux poignées de porte et attachent leur vélo aux bancs sans même y penser.

Le fabricant de voitures Henri Ford l'avait parfaitement compris lorsqu'il dit : « si j'avais demandé à mes clients ce qu'ils voulaient, ils m'auraient répondu un cheval plus rapide ». Steve Jobs disait quant à lui « ce n'est pas le travail des consommateurs de savoir de quoi ils ont envie » ou encore « le client est incapable de savoir qu'il veut quelque chose qui n'existe pas encore ».

La compréhension de la problématique par l'observation

Il est donc nécessaire de passer par une phase intense d'observation des individus (étape inspirée de la sociologie et de l'ethnographie) et de faire preuve d'empathie pour imaginer des solutions qui leur conviennent. L'objectif est précisément de détecter des besoins latents dont ils ne sont peut-être même pas conscients afin de pouvoir ensuite concevoir et leur proposer des solutions pertinentes. Il est donc essentiel de comprendre le contexte dans lequel les individus vivent, pour identifier le non verbalisé, et cela passe souvent par des phases d'ethnographie, de films de personnes en situation.

Par exemple des designers ont aidé une bibliothèque à améliorer son offre. La mission d'une bibliothèque n'est pas seulement de mettre des livres et des ouvrages à disposition ou de les prêter, c'est, d'une manière plus globale, de partager des connaissances, du savoir. Les designers se sont rendus comptes que les personnes ne pouvaient pas transférer cette connaissance à leur domicile parce qu'ils rencontraient des difficultés informatiques de transfert des données. Ils ont donc mis en place un service d'aide à la résolution de tout type de problème informatique, tel que l'installation et à la mise à jour de logiciels, pour les aider à exploiter au mieux cette connaissance que la bibliothèque leur offrait.

3.3.5. Le design et le prototypage

Si le besoin humain est le point de départ, la réflexion entre rapidement en action pour apprendre en faisant. Comme le dit Romain Thévenet, autre designer que j'ai interviewé dans le cadre de mon MBA, « le designer, à l'inverse du chercheur, « fait » non pas seulement pour tester mais aussi pour réfléchir, et non pas l'inverse ». Il caractérise des choses complexes par la représentation en 2 ou 3 dimensions.

Le prototypage, vite fait et à bas coût, permet de tester très vite un concept. Un prototype est un succès non pas quand il marche sans problème mais s'il permet d'apprendre quelque chose de plus. Plus vite les idées seront rendues tangibles, plus vite elles pourront être évaluées, améliorées et éventuellement abandonnées. Il s'agit du principe « échouer vite pour réussir rapidement » qui est très puissant pour accélérer le processus d'innovation.

Par ailleurs, la « tangibilisation » d'un concept (le fait de rendre un concept tangible) facilite la compréhension des différents acteurs. En effet, les mots ne suffisent pas toujours. On parle souvent par métaphore pour mieux se faire comprendre, prenant même le risque que notre interlocuteur n'ait pas la même représentation que nous. Le prototype devient cette représentation partagée.

Le prototypage a également un fort pouvoir fédérateur, particulièrement lors de la co-conception. Il est porteur de sens pour les gens qui l'ont conçu, mais aussi pour ceux à qui il s'adresse et qui le comprennent. Le prototypage peut ainsi être un atout non négligeable dans le cadre de la gestion du changement, notamment en termes d'appropriation de la transformation.

Enfin, et pour citer Tim Brown, le prototype le plus réussi est « celui qui nous renseigne sur nos objectifs, sur notre méthode et sur nous-même »[32].

3.3.6. Le design et son processus itératif

Durant leur processus de conception, les designers font parfois beaucoup d'allers-retours entre la solution en cours de conception et les problèmes qui se posent pour, progressivement et dans une certaine incertitude, que la solution prenne la forme souhaitée.

Dans son livre « Design thinking », Tim Brown explique que la nature itérative de la méthodologie du design « ne tient pas à un quelconque défaut d'organisation ou à un manque de discipline qui serait propre aux designers. Elle s'explique par le fait que le design est fondamentalement un processus exploratoire qui débouche invariablement sur des découvertes inattendues dignes d'être approfondies. »[33]

Il arrive qu'un résultat incite l'équipe à revisiter certains postulats de départ. Dans la mesure où il est non directif, ouvert sur l'extérieur et itératif, le processus peut sembler chaotique. Et nombreux diront que l'approche itérative risque d'allonger les délais, mais c'est une vision à court terme.

Comme on l'a déjà dit, il est très important pour les designers d'échouer tôt pour réussir plus vite. Par ailleurs, les résultats obtenus par un processus linéaire sont beaucoup plus facilement copiables par la concurrence.

3.3.7. L'incarnation par le design

On l'a vu, le designer, à la différence du spécialiste de la créativité, pense avec ses mains, il réfléchit en 3D. Par ailleurs, il a un rapport à l'esthétique qui est fondamental, notamment en termes de transmission.

Comme le dit Stéphane Vial, philosophe et enseignant à l'Ecole Boulle : « le designer est un projeteur dans la mesure où il a des vues sur l'avenir. Et cette projection se présente de 3 manières différentes :

• **projection existentielle** : le designer doit projeter notre société dans l'avenir en nous faisant rêver d'un avenir attractif et séduisant. Le design, comme on l'a vu dans la première partie, est un moteur d'utopie ;

• **projection conceptuelle** : le designer doit concevoir un projet qui permette à des tiers de se représenter de manière professionnelle son dessein. Cela rejoint le prototypage.

• **projection visuelle** : le designer doit communiquer sur son projet, c'est-à-dire montrer des images de celui-ci et produire un discours pertinent sur ces images. »[34]

Le designer a donc la faculté d'incarner de manière efficace et esthétique un projet séduisant. Il s'agit là d'un véritable atout à une époque où sont valorisées les choses tangibles, efficaces et esthétiques. Il suffit de voir le succès d'Apple pour en être convaincus.

3.3.8. Le design et l'accompagnement du client face au changement

Contrairement aux animateurs de CPS qui travaillent généralement pour le client sur une durée très courte, qui se résume souvent au temps du processus lui-même, en plus d'une réunion préparatoire avec le client, le designer coopère généralement dans la durée avec son client, ce qui peut être un atout fondamental à notre époque de changements massifs.

En effet, des aspects fondamentaux de notre société sont actuellement remis en cause et le besoin de nouvelles alternatives, de nouvelles idées explose, tout comme le nombre de « lab », tout simplement parce que les solutions existantes sont en train de devenir obsolètes et qu'on a besoin d'expérimenter de nouvelles solutions.

Les cahiers des charges traditionnels ne fonctionnent plus toujours car il est de plus en plus difficile d'anticiper le résultat d'un projet. La force du designer est justement de travailler de manière expérimentale, itérative (aller-retour, apprentissage de ses erreurs, adaptation) et son approche est donc un véritable atout pour les organismes appelés à innover de manière expérimentale.

CONCLUSION

On l'aura compris, ces deux méthodologies permettent d'aider, de manière très concrète et efficace, les entreprises qui ne savent pas toujours comment s'y prendre face à leur nécessité d'innover.

Pour conclure, je souhaiterais mettre l'accent sur les leviers qui me semblent pertinents pour favoriser la mise en œuvre de cette volonté d'innovation.

Tout d'abord, l'utilisation de post-its, bien connue des créatifs, mais souvent considérée comme « non sérieuse » par les non-créatifs, me semble particulièrement pertinente pour tout groupe souhaitant travailler de manière participative et constructive sur un mode rapide et efficace. Il arrive en effet fréquemment qu'un groupe se perde dans des discussions et argumentations très longues et parfois épuisantes, et que la réunion se termine sur une note frustrante pour les personnes n'ayant pas réussi à faire passer leurs idées, qu'elles n'aient pas été entendues, comprises ou retenues. Deux types de réactions s'offrent alors à ces personnes : la résignation puis la démotivation ou le déterminisme et l'insistance.

La force de la méthode des post-its réside dans la représentation visuelle de la masse, souvent phénoménale, des idées à analyser. La discussion est ainsi différée au maximum et sera d'autant plus facilitée que chacun aura pu s'exprimer librement et que les grandes thématiques, constituées par la somme des idées individuelles, vont « apparaître » d'elles-mêmes. La réflexion sera aussi d'autant plus pertinente qu'elle pourra alors porter sur les problématiques à approfondir et non pas se perdre dans des points de détail.

Par ailleurs et à une époque où les problématiques de bien-être au travail et de risques psychosociaux ne laissent plus indifférents, il me semble fondamental de rappeler que les méthodologies participatives de conception, que ce soit la méthode CPS ou le co-design sont des vecteurs efficaces et puissants d'implication et de motivation des salariés. Et cet aspect est non seulement essentiel pour les salariés eux-mêmes, mais également pour toute entreprise qui a l'ambition d'être innovante. En effet, n'oublions pas la chaîne qui mène à l'innovation, présentée en première partie, et plus particulièrement son premier composant : l'imagination. L'imagination réside, par nature, au plus profond de l'être humain et celui-ci doit se sentir en confiance, serein et suffisamment motivé pour pouvoir y avoir accès puis en faire part à son entreprise.

Comme on l'a vu dans la première partie, une innovation n'existe qu'à la condition d'être appropriée par le corps social pour lequel elle a été inventée. D'un autre côté, les designers insistent sur le fait que l'homme est par nature très adaptable et ingénieux et qu'il n'a pas toujours conscience de ce dont il a besoin. La phase d'observation des besoins latents d'une population est donc fondamentale pour favoriser l'indispensable appropriation de la solution qui sera ensuite inventée. La co-conception effectuée par les futurs consommateurs ou usagers favorise par ailleurs et par nature cette appropriation. Par conséquent, les animateurs de CPS n'auraient-ils pas intérêt à intégrer une phase d'observation dans leur processus ? Et les designers, de leur côté, n'auraient-ils tout à gagner à se former aux techniques d'animation de groupes pour optimiser leur approche de la co-conception.

Ensuite, les entreprises sont non seulement dans l'obligation d'innover extrêmement rapidement mais aussi de plus en plus vite, ceci en raison non seulement de la globalisation qui renforce la concurrence mais aussi de l' « accélération du temps ».

> *« L'expérience majeure de la modernité est celle de l'accélération (accélération technique, accélération du changement social, accélération du rythme de vie). Nous le savons et l'éprouvons chaque jour : dans la société*

moderne, tout devient toujours plus rapide.../... et cette accélération du temps se manifeste par une expérience de stress et de manque de temps ». [35]

Le prototypage, qui permet de tester et de faire évoluer très vite une idée, est un levier puissant dans cette course effrénée à l'innovation. De leur côté, les techniques de créativité permettent d'optimiser le rapport qualité/temps lors de la production d'idées. Ne serait-il pas judicieux de faire appel à des designers en tant qui ressources lors de séances de CPS? Et pourquoi les designers n'utiliseraient-ils pas de leur côté et de manière plus généralisée ces techniques de créativité, d'autant plus lors de projets de co-conception ?

Toujours en lien avec ce contexte globalisé très mouvant, où l'adaptabilité est un atout essentiel, de plus en plus nombreuses sont les entreprises qui travaillent en mode projet, par expérimentation. Là encore, la méthodologie du design semble toute particulièrement adaptée, en raison de son processus itératif qui lui permet, contrairement à une démarche linéaire établie suite à un cahier des charges prédéfinies, de s'adapter continuellement à l'évolution du projet durant tout son déroulement. En témoigne le succès actuel des « living labs » auxquels participent de nombreux designers. Le projet Living Labs Europe est un programme européen lancé en 2006 par la présidence finlandaise de la Communauté européenne.

> « *Le Living Lab agit comme un véritable laboratoire en offrant les bases pour concevoir, prototyper, tester et « marketer » de nouvelles applications des technologies. Le Living Lab s'adjoint un grand nombre d'utilisateurs dès la phase de conception des produits et services et non pas seulement au niveau de leur validation. Comme il s'appuie sur toute la richesse d'une région fonctionnelle, il doit tirer avantage des réservoirs de talents, de créativité, de diversité culturelle qu'apporte cette région mais surtout il devrait* **pouvoir mieux utiliser les utilisations imprévisibles au départ** *liées à l'inventivité et à l'imagination. En allant au-delà de la traditionnelle plate-forme des usages, il doit* **permettre d'adapter en temps réels la conception des nouvelles applications et des nouveaux produits.** » [36]

Par ailleurs, force est de constater qu'actuellement notre société occidentale est très matérialisée et que les productions de l'esprit non tangibles sont peu valorisées par rapport aux objets. On se réfère à elle en parlant de notre « société de consommation » depuis Jean Baudrillard. Dans ce contexte, la force des designers est non seulement de savoir rendre des concepts tangibles mais aussi de le faire de manière très esthétique, ce qui en renforce considérablement la portée fédératrice.

Pour finir, je souhaiterais faire de cet ouvrage un « ouvrage participatif ». Je serais donc très heureuse si vous acceptiez d'enrichir cette réflexion en me communiquant vos commentaires et critiques (a.marchal@am-designthinking.com).

BIBLIOGRAPHIE

ALTER (Norbert) Alter - *L'innovation ordinaire*, Paris, PUF, 2010.

AMABILE (M.T.) – *Creativity in context*, Boulder, Westview Press, 1996.

AZNAR (Guy) – *Idées, 100 techniques de créativité pour les produire et les gérer,* Paris, Editions d'Organisation, 2007.

BARDIN (Didier) – *Management de la créativité en entreprise*, Paris, Economica, 2006.

BORJA DI MOZOTA (Brigitte) - *Design Management,* Paris, Les éditions d'organisation, 2001.

BROWN (Tim) Brown - *La pensée Design*, Paris, Pearson, 2008.

CSIKSZENTMIHALYI (Mihaly) - *La créativité, psychologie de la découverte et de l'invention*, Poche, Paris, 2002.

FLAMAND (Brigitte) – *Le design, essais sur des théories et des pratiques,* Paris, Editions de l'Institut Français de la Mode, 2006.

FLUSSER (Vilém) - *Petite philosophie du design, Paris,* Edition Circé, 2009.

FOSTER (Hal) - *Design et Crime*, Paris, Les prairies ordinaires, 2008.

HERBERT (Simon) -*The sciences of the artificial*, Cambridge, MIT Press, 1969.

LUBART (Todd) – *Psychologie de la créativité*, Paris Armand Colin, 2009.

MARTIN (Roger) - *The design of business, why design thinking is the next competitive advantage,* Harvard Business Press, 2009

MIDAL (Alexandra) - *Design : introduction à l'histoire d'une discipline,* Paris, Pocket Agora, 2009.

PAPANEK (Victor) - *Design pour un monde réel,* Paris, Mercure de France, 1974.

ROSA Harmut (Rosa) - *Accélération, une critique sociale du temps,* Paris, La Découverte, 2010.

VIAL (Stéphane) – *Court traité du design,* Paris, PUF, 2010.

WOLFE (Olwen) - *J'innove comme on respire,* Paris, Edition du Palio, 2007.

WOLTON (Dominique) – *Hermès : Communiquer, innover,* Paris, CNRS Editions, 2008. Collectif, *L'empreinte social,* Odile Jacob, Paris, 2011.

Design des politiques publiques, la 27ème région, labo de transformation publique, Paris, La documentation française, 2010.

JACOB (Isabelle) – *Lumière sur la créativité,* Paris, Editions Iris pour la créativité, 2011.

NOTES

[1] Tim Brown. *L'esprit design*. Paris. Pearson. 2010. Dernière de couverture.

[2] OCDE, Science, technologie et industrie : tableau de bord de l'OCDE, 2007, dans le rapport remis au Ministère de l'Economie, de l'Industrie

[3] Olwen Wolfe. *J'innove comme on respire … ou comment faire vivre notre capacité d'innovation*. Paris. Edition du Palio. 2007. p.19.

[4] Olwen Wolfe, Ibid, p.20.

[5] Olwen Wolfe, Ibid. p.20.

[6] Teresa Amabile. *Creativity in contexte*. Oxford. Westviewpress. 1996. p.35.

[7] Guy Aznar. *Préciser le sens du mot « créativité »*. Juin 2006.

[8] Norbert Alter. *L'innovation ordinaire*. Paris. PUF. 2010. p.11.

[9] Stéphane Vial, *Court traité du design*, Paris, PUF, 2010, p. 19.

[10] Brigitte Borja di Mozota, *Design Management*, Paris, Les éditions d'organisation, 2001.

[11] Simon Herbert, *op.cit.*, p.55.

[12] Stéphane Vial, Ibid, p21.

[13] Olwen Wolfe, Ibid. p.28.

[14] Site www.yellowideas.com

[15] Olwen Wolfe, Ibid, p.15.

[16] Guy Aznar. Idées, *100 techniques de créativité pour les produire et les gérer*. Paris. Editions d'Organisation. 2005. p.146.

[17] Guy Aznar, Ibid. p.146.

[18] Guy Aznar, Ibid. p.22.

[19] Stéphane Vial, Ibid. p.72.

[20] Stéphane Vial, Ibid. p.72.

[21] Tim Brown. *L'esprit design*. Paris. Pearson. 2010. p.7.

[22] Tim Brown. Ibid. p.7.

[23] Tim Brown. Ibid. Dernière de couverture.

[24] Tim Brown. Ibid. Dernière de couverture.

[25] Marion Botella. Cerveau & Psycho. N° 46 juillet-août 2011. P58.

[26] Tim Brown, Ibid. p.

[27] Tim Brown, Ibid. p.72.

[28] Video Tim Brown.
http://www.ted.com/talks/lang/eng/tim_brown_urges_designers_t
o_think_big.html. Sept 2009.
[29] Stéphane Vial, Ibid. p.71.
[30] Olwen Wolfe, ibid, p.24.
[31] Video Tim Brown.
http://www.ted.com/talks/lang/eng/tim_brown_urges_designers_t
o_think_big.html. Sept 2009.
[32] Tim Brown, Ibid. p.110.
[33] Tim Brown, Ibid. p16.
[34] Stéphane Vial, op. cit., p.72.
[35] Harmut Rosa. Accélération, une critique sociale du temps, La
Découverte, Paris, 2010, dernière de couverture.
[36] http://sites.google.com/site/noelconruyt/Home/living-lab-
regional